AF460728

S

D'ANTUMENTALES.

COURS

D'ANTIQUITÉS MONUMENTALES.

D'ANTMENTALES

nt.

ANCE,

LE.

S.

S, N°. 50;

IDE;

COURS
D'ANTIQUITÉS MONUMENTALES

PROFESSÉ A CAEN

Par M. de Caumont.

HISTOIRE

DE

L'ART DANS L'OUEST DE LA FRANCE,

DEPUIS LES TEMPS LES PLUS RECULÉS JUSQU'AU XVII°. SIÈCLE.

Atlas.

PREMIÈRE PARTIE. — ANTIQUITÉS CELTIQUES.

PARIS,

CHEZ LANCE, RUE CROIX-DES-PETITS-CHAMPS, N°. 50;
CAEN, T. CHALOPIN, IMPRIMEUR, RUE FROIDE;
ROUEN, FRÈRE, RUE GRAND-PONT.

1830.

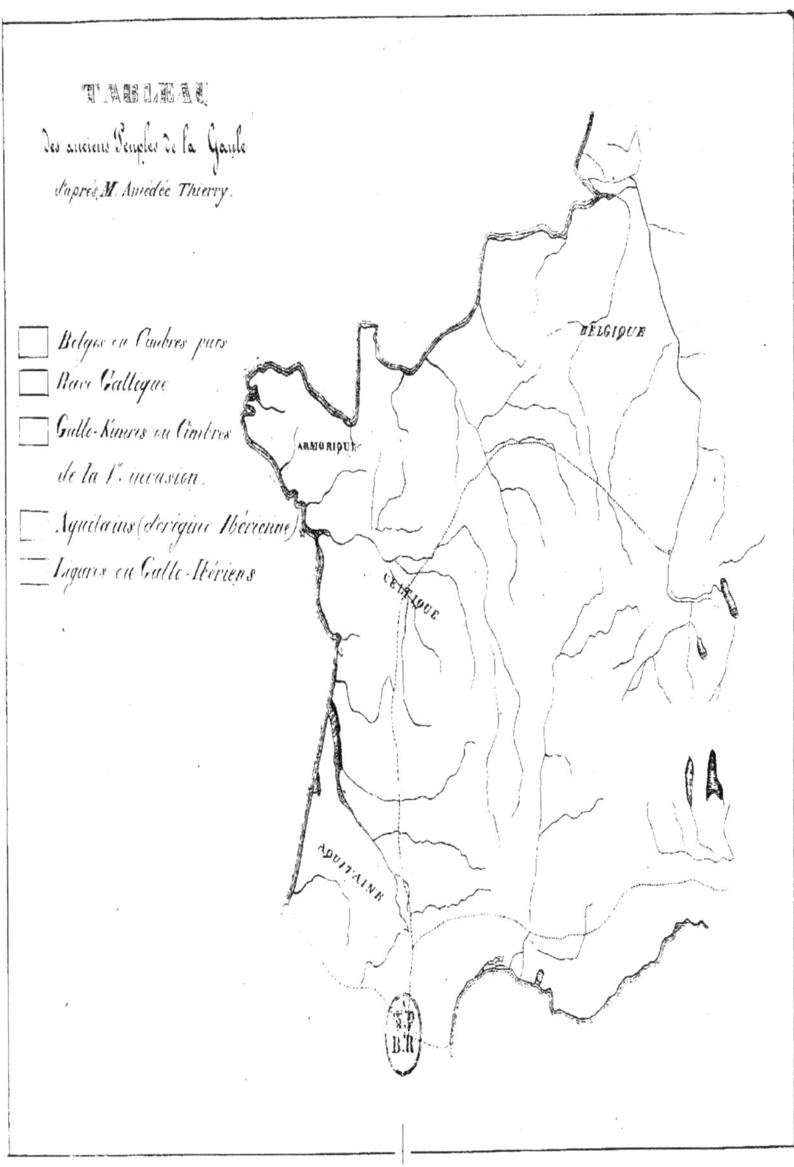

lith. de [illegible] Chalopin.

Pl. II.

N° 1

Demi Dolmen.

N° 2

Dolmen simple.

N° 3

Dolmen à table horizontale.

N° 4

Dolmen compliqué.

N° 5

allée couverte près du golfe du Morbihan

N° 6

allée couverte d'Esse (Isle en Vilaine)

N° 7

plan de l'allée couverte N° 5.

P. Tiget del.

Monuments Celtiques.

Lith. de T. Chatepin

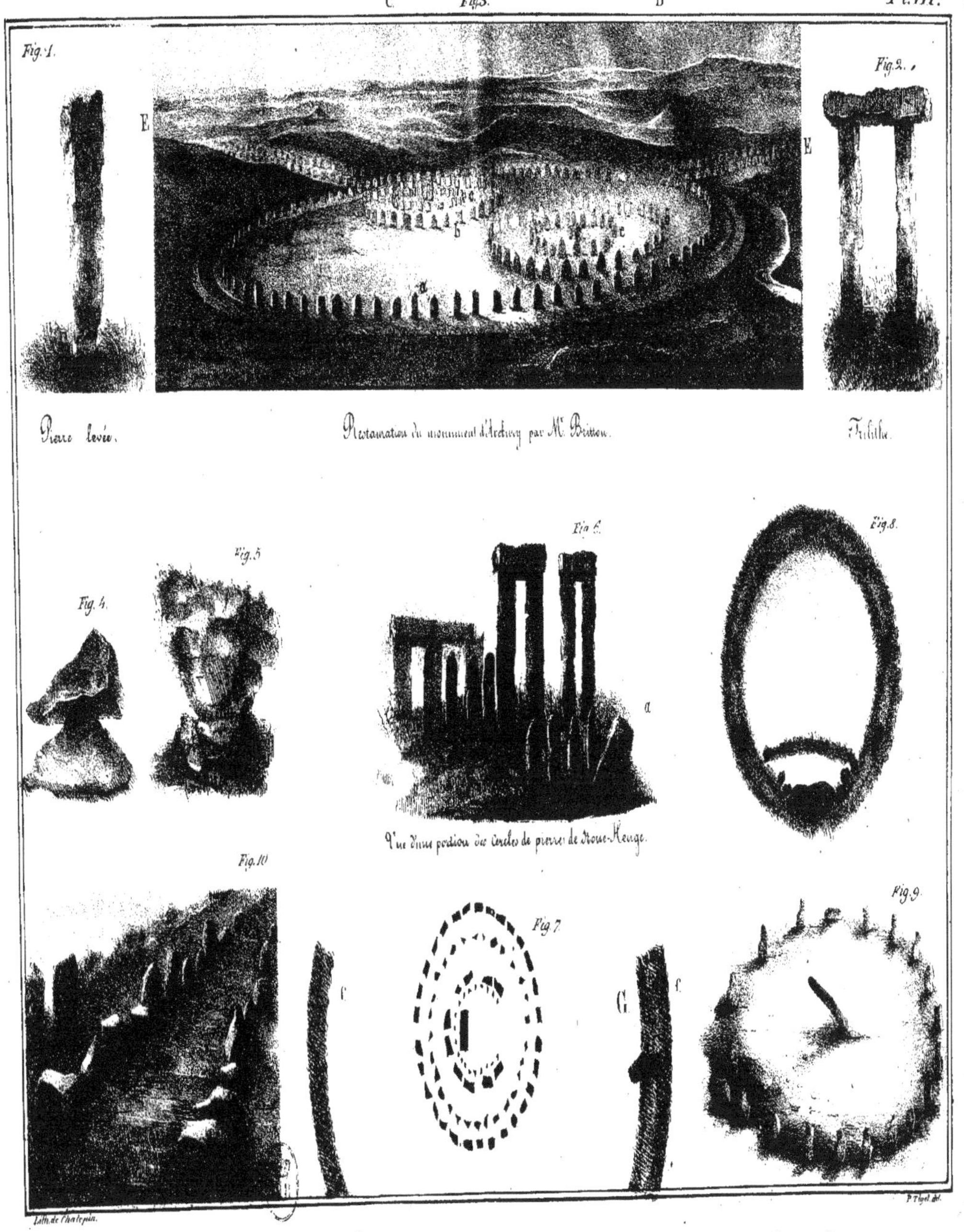

Alignements de Plouhinec. (morbihan)

Plan du monument de Stone-Henge supposé entier.

Cercle de Pierres.

Pl. IV.

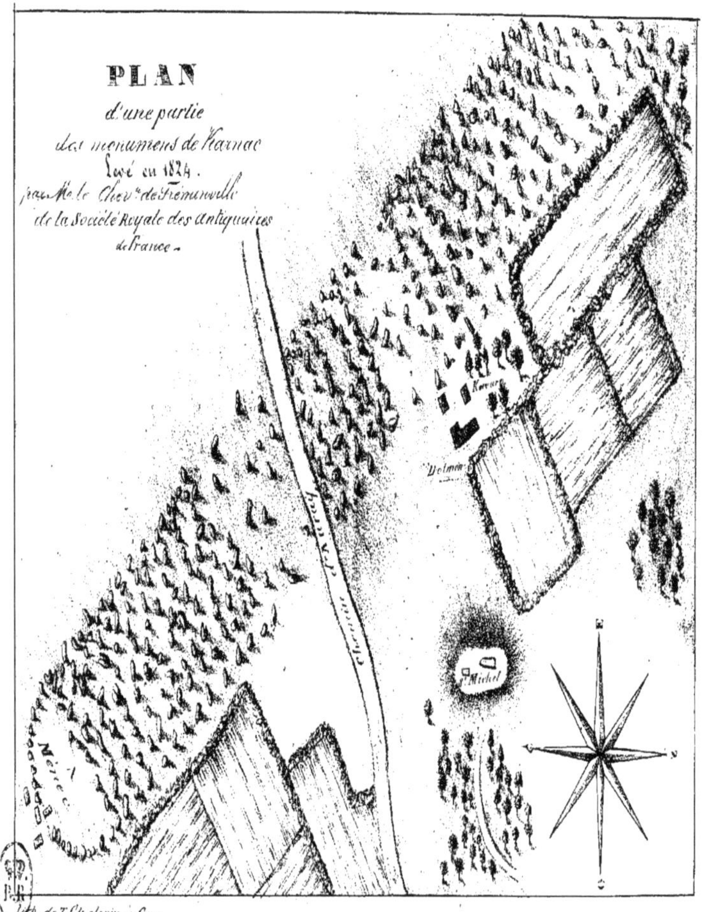

Lith. de T. Chalopin à Caen

N° 1

Coupe longitudinale du Tumulus de Wellow dans le Comté de Sommerset.

N° 2

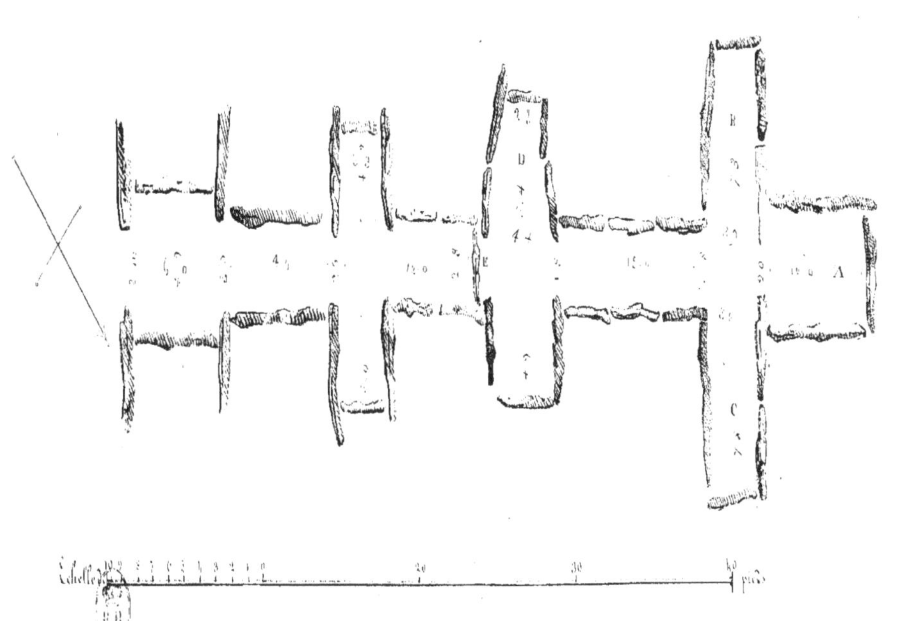

P. T. et del. 1850. Lith. de T. Chalyeu

Plan de la Galerie intérieure du Tumulus.

N° 1.

entrée de la galerie du Tumulus de Wellow
vue extérieurement.

N° 2.

entrée de la galerie du Tumulus de Wellow
vue intérieurement.

N° 3.

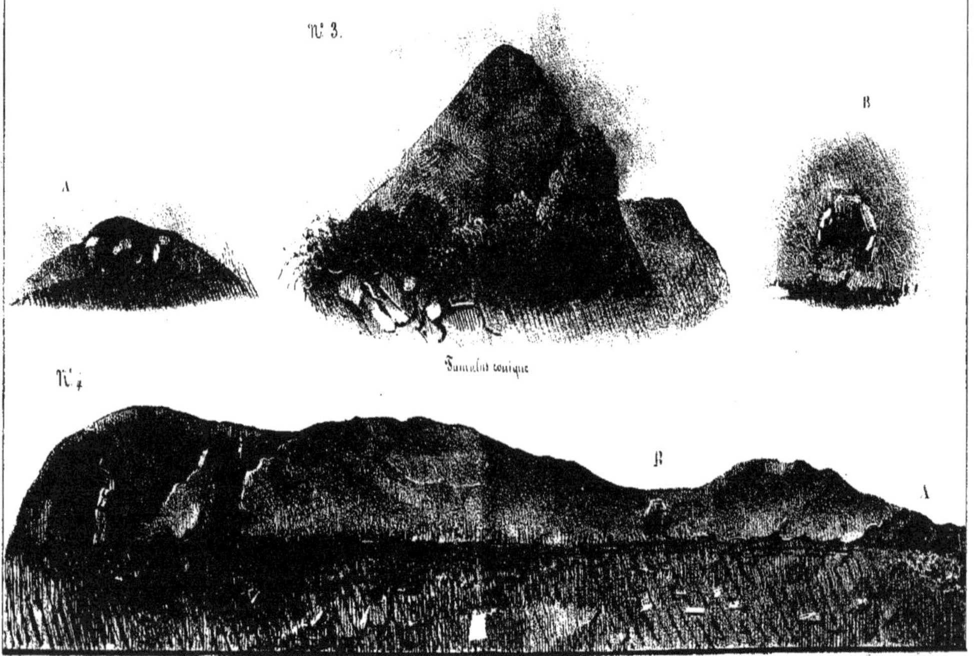

Tumulus conique

N° 4

P. Tiget del. 1836.

Tumulus allongé de colombiers-sur-seule (calvados)

Lith. de F. Chalopin.

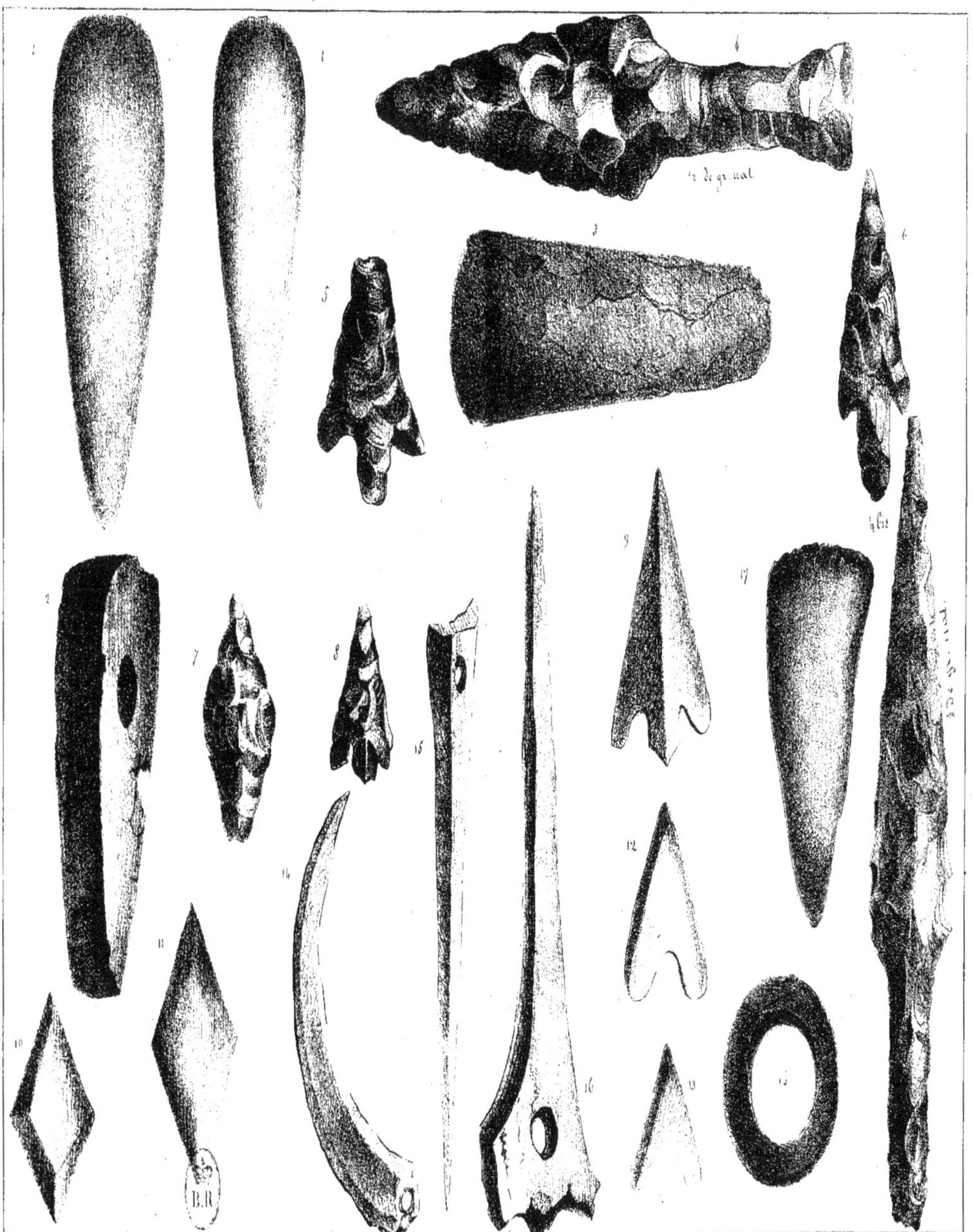

N.os 1. 2 instruments en pierre ollaire. N.o 3 id. en silex. N.o 4 poignards en silex. N.os 5. 6. 7. 8 pointes de flèches en silex. N.os 9. 10. 11. 12. 13. objets semblables en pierre dure. N.os 14. 15. 16. 17 instruments en os.

P. Vogel del. 1850

Lith. de T. Chatepin

Pl. VIII.

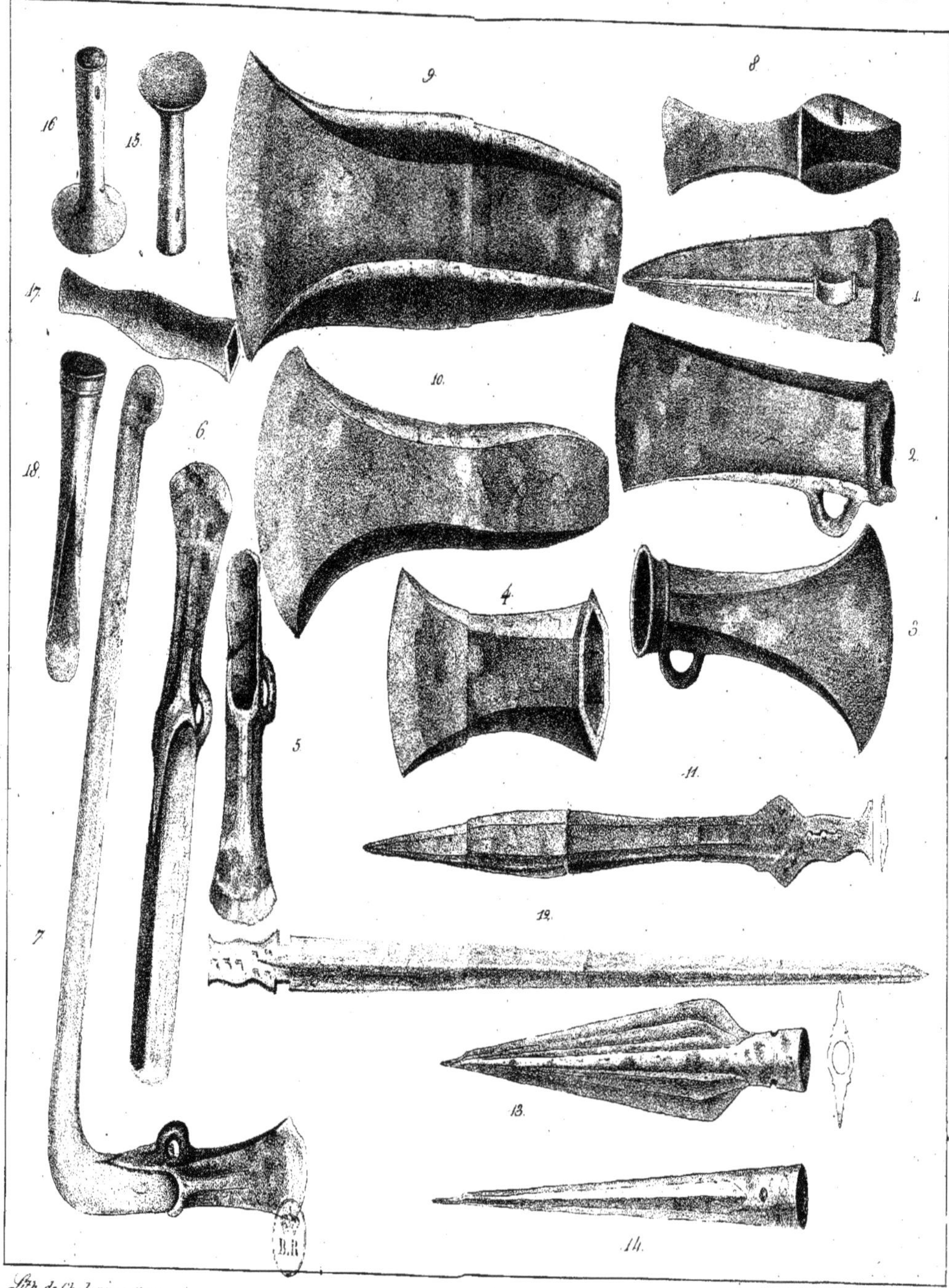

Lith. de Chalopin à Caen

C. Lenourichel, fecit.

Instruments en Bronze.

Planche

Moules à haches celtiques en bronze.

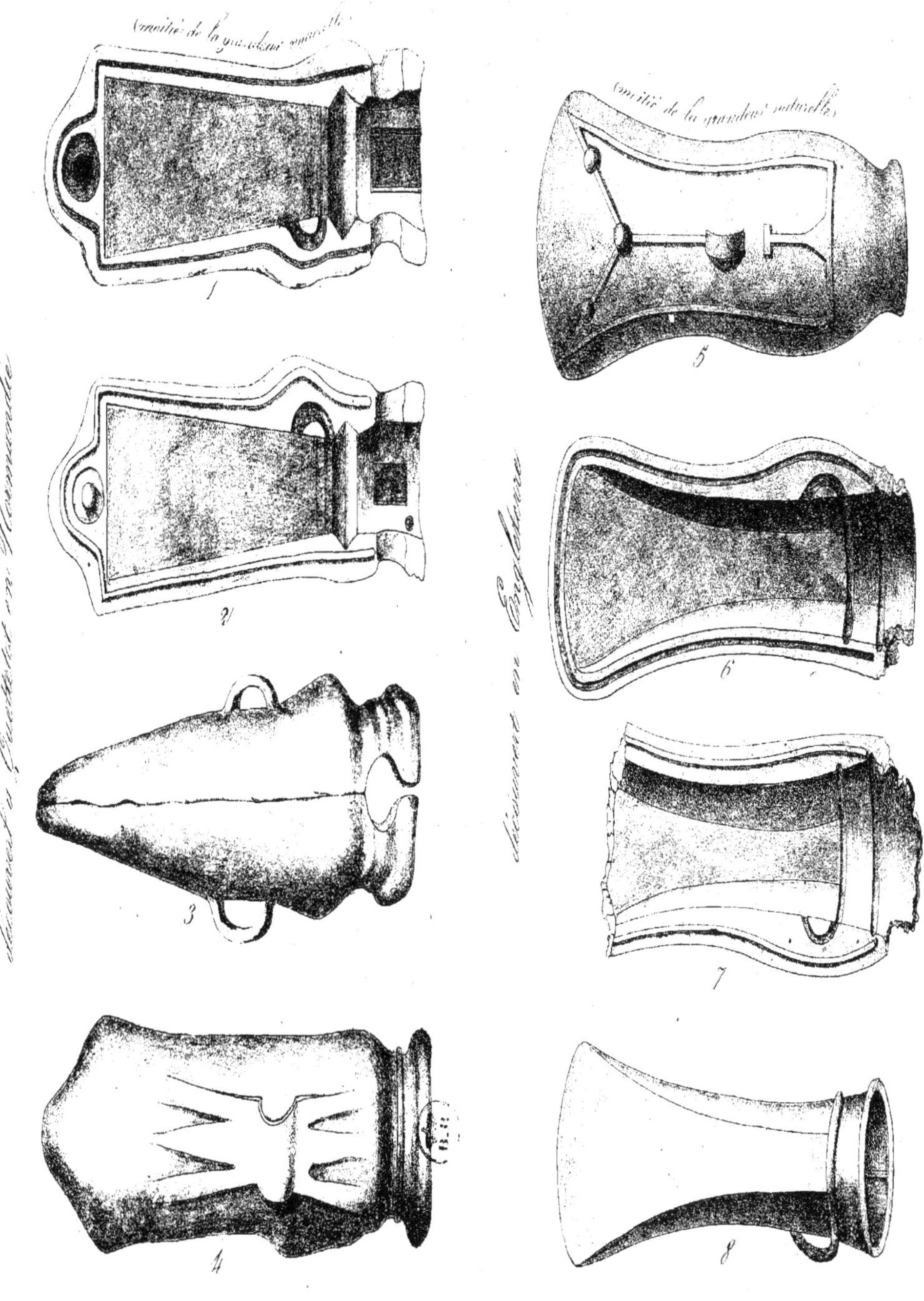

Pl.X.

1
2
3
moitié de la grandeur naturelle.
4
Moitié de la grandeur naturelle.

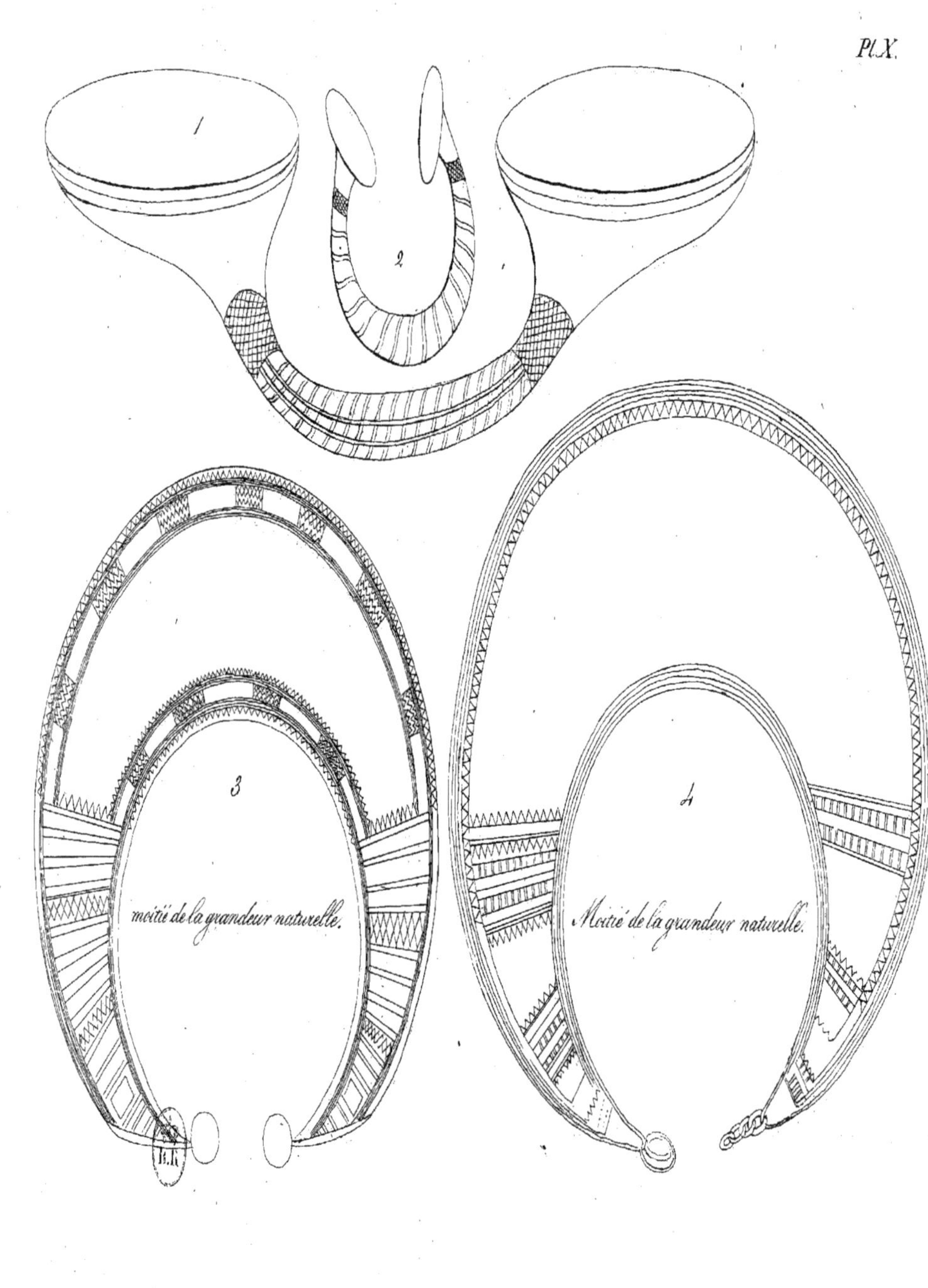

Pl. XI.

Lith. de Chalopin, Caen.

(1) Couleur naturelle de la Poterie (2) Couleur de la Poterie passée au feu.

Poteries Celtiques.

Découvertes dans le tumulus de Fontenay-le-Marmion. (Calvados.)

www.ingramcontent.com/pod-product-compliance
Ingram Content Group UK Ltd.
Pitfield, Milton Keynes, MK11 3LW, UK
UKHW021042180726
13838UKWH00004B/1956